J. DE MARTHOLD

JOB

LE GRAND NAPOLÉON DES PETITS ENFANTS

LIBRAIRIE PLON

E. PLON, NOURRIT ET C¹ᵉ, IMPRIMEURS-ÉDITEURS, RUE GARANCIÈRE, 10, PARIS

Il était une fois une île parfumée qu'on appelait la CORSE.

2

L'enfant y naît à Ajaccio, en une salle tendue de tapisseries représentant des héros d'Homère.

Amené à Versailles par son père, il voit pour la première fois un roi, Louis XVI, auquel il doit succéder.

Lieutenant à Valence, il se lève dès l'aube,

surveille l'exercice du fusil,

celui de l'artillerie,

et fait tous les jours des rondes de nuit.

1.

A Valence, mis aux arrêts forcés, il en profite pour étudier le *Digeste* et devenir très fort en droit.

Il voit Louis XVI pour la seconde fois.
« — Troquer la couronne contre un bonnet rouge ! dit-il.
Et il pensa : Troquer le chapeau contre une couronne...?

7

Au siège de Toulon, chargeant un canon comme un simple soldat, il attrape la gale noire.

Comme il y avait disette à Paris, une forte harengère lui reproche de s'engraisser aux dépens du peuple.
— La bonne, répond-il en souriant, regarde-moi bien et dis quel est le plus gros de nous deux?

Nommé général en chef de l'armée d'Italie,

il promet des victoires au soldat. Et il tient sa promesse.

Maître Raguideau, notaire de la veuve Beauharnais, lui dit, sans se douter qu'il est entendu :
— Vous! épouser ce petit Bonaparte, un soldat qui n'a que la cape et l'épée!

Après Lodi, les vieux soldats offrent à leur jeune chef le grade de caporal, origine du surnom
de Petit Caporal, qui lui est resté.

Débarqué sur la terre des Pharaons, il va partout, suivi d'une Commission de savants et d'artistes
qui n'avaient jamais caracolé à dos de chameau.

Sa pensée ayant interrogé le Sphinx, il entend le monstre murmurer ce mot : IMMORTALITÉ !

Il dit :
— Soldats ! du haut de ces pyramides, quarante siècles vous contemplent !
Et la victoire fut.

Il passe le mont Saint-Bernard sur un mulet, guidé par un jeune homme qu'il récompense généreusement.

— Trois heures! s'écrie Desaix, la bataille est perdue!
— Trois heures! dit-il, tranquille, nous avons le temps de la gagner!
Ce fut Marengo.

Rue Saint-Nicaise, il échappe miraculeusement à l'explosion d'une machine infernale.

Il fait célébrer l'année de la Paix par une fête magnifique.

Il institue l'Ordre de la Légion d'honneur.
On voit aussitôt les Parisiens simuler le ruban par un œillet rouge.

Au camp de Boulogne, sans cesse il tourne les yeux vers l'Angleterre.

Le matin du sacre, apercevant le notaire de Joséphine, il lui dit en riant :
— Eh bien, maître Raguideau, voici la cape ! Et voici l'épée !

Il passe le Rhin à Kehl

et reçoit l'hommage de l'Électeur de Bade.

Il s'endort, tranquille, par une nuit profonde.

Il est réveillé par les premiers rayons du soleil d'Austerlitz.

Les grognards dressaient leurs chiens à saluer l'Empereur.
Et il rendait le salut.

Suivi de l'armée française,

il entre à Berlin.

A Eylau, la plus sanglante de ses victoires, on mourut sur des tombes.

Vainqueur à Dantzig, il dit à Lefebvre :
— Aimez-vous le chocolat ? — Du tout, Sire, je l'abomine. — Prenez toujours celui-ci.
Et surpris et charmé de ce qu'il voit dans le paquet, Lefebvre de s'écrier :
— Sire ! le meilleur chocolat est le chocolat où l'on trouve cent mille livres de rente et un brevet de duc !

Après Tilsitt, il passe en revue l'armée française ;

les souverains étrangers saluent la garde.

33

3

A Essling, tandis qu'il prend hâtivement son frugal repas, on lui annonce la mort de Lannes, son meilleur ami.

De l'île de Lobau, en observation sur la cime d'un sapin, il suit les incidents de la bataille.

Il va au-devant de Marie-Louise, archiduchesse d'Autriche, qu'il doit épouser.

Maître du monde, il est le plus heureux des pères. Le Roi de Rome fait ses premiers pas dans la voiture aux chèvres.

A Moscou, les flammes lui disputent la victoire.

Au passage de la Bérésina, le froid la lui arrache.

— Pardon, excuse, Sire !

Le soir de Champaubert, la veille de Montmirail, pensif, il berce l'enfant d'une cantinière.

Sous Reims, voyant défiler le dernier contingent de la campagne de France, il s'écrie :
— Allons, Bonaparte, sauve Napoléon !

Au retour de l'île d'Elbe, on démonte pour lui les portes de Grenoble.
— La patrie se rouvre devant moi, dit-il.

43

Il tombe pour la première fois vaincu, en un lieu que la géographie nomme Waterloo, que l'Histoire appelle Trahison.
Ce jour-là, Cambronne dit son dernier mot.

15 juillet 1815.

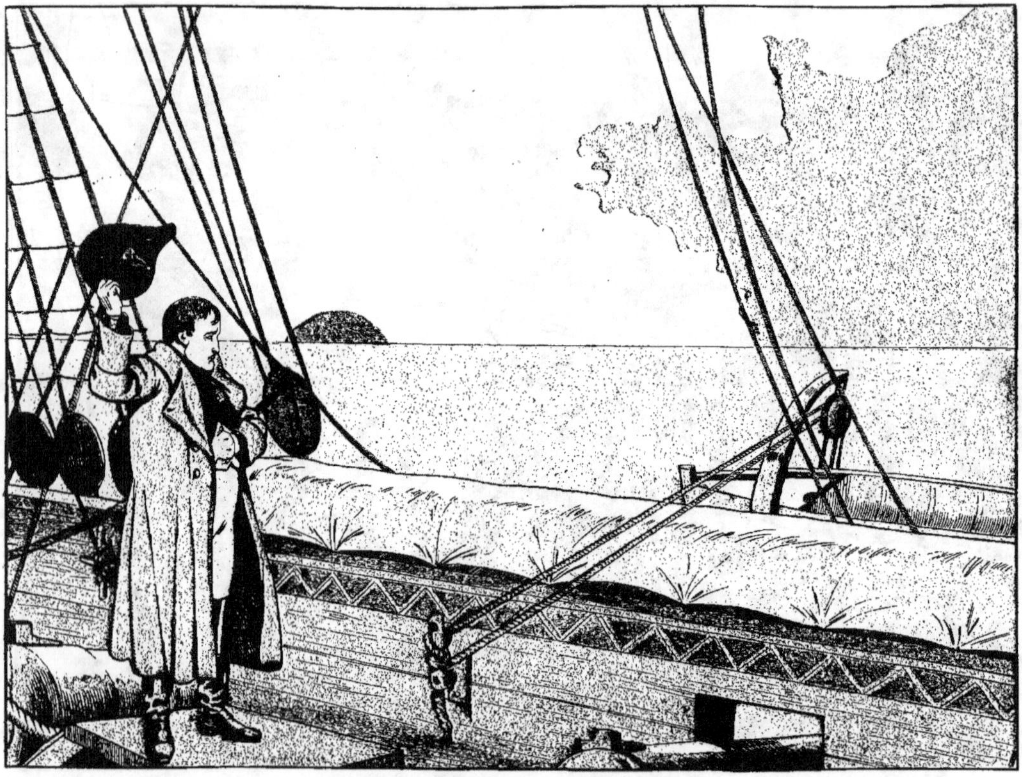

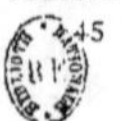

Il s'embarque sur le *Bellérophon*.
... Vivant, il ne foulera plus le sol de France.

Il est cloué à Sainte-Hélène.
Ce roc, la nuit, semble un petit chapeau. Seule, une lumière y brille, celle de son génie dictant le *Mémorial*.

Il monta dans la gloire, et son aigle mourut.

En mémoire du Petit Caporal, un cabaretier prit cette enseigne :

AU TOMBEAU DU GRAND HOMME.

L'enseigne interdite comme séditieuse, il y substitua cette transparente traduction :

A LA BIÈRE DE MARS.

Étrennes
1894

REDUCTION AU QUART DE DEUX PAGES DE L'ALBUM

Jamais le souvenir de l'épopée napoléonienne n'a rayonné d'un si vif éclat. Le livre et le théâtre semblent d'accord pour faire revivre sous nos yeux cette époque glorieuse.

Un charmant dessinateur, Job, a pensé qu'il serait agréable aux enfants d'avoir une histoire de Napoléon à leur portée, et il a eu l'heureuse idée de faire paraître, au moment des étrennes, un élégant album en couleurs, très humoristique et très piquant, qui vient prendre place à côté des œuvres déjà si goûtées de Monvel, Caran d'Ache, Mars et Crafty.

L'album de Job nous présente une série d'aquarelles vraiment typiques, pleines de détails très instructifs au point de vue historique, dessinées de façon à frapper des yeux enfantins et d'une facture tout à fait originale et réjouissante. Ces dessins en couleurs font défiler sous nos yeux tous les faits saillants de la vie du grand homme, depuis Ajaccio jusqu'à Sainte-Hélène, en passant par le siège de Toulon, les scènes de la Révolution, l'armée d'Italie, la campagne d'Égypte, le sacre, les grandes victoires, puis les suprêmes défaites, sans oublier les anecdotes intimes les plus connues.

Album in-4° oblong richement illustré en couleurs, élégante reliure toile anglaise, avec fers spéciaux. Prix : 10 fr.

Après Lodi, les vieux soldats offrent à leur jeune chef le grade de caporal, origine du surnom de *Petit Caporal*, qui lui est resté.

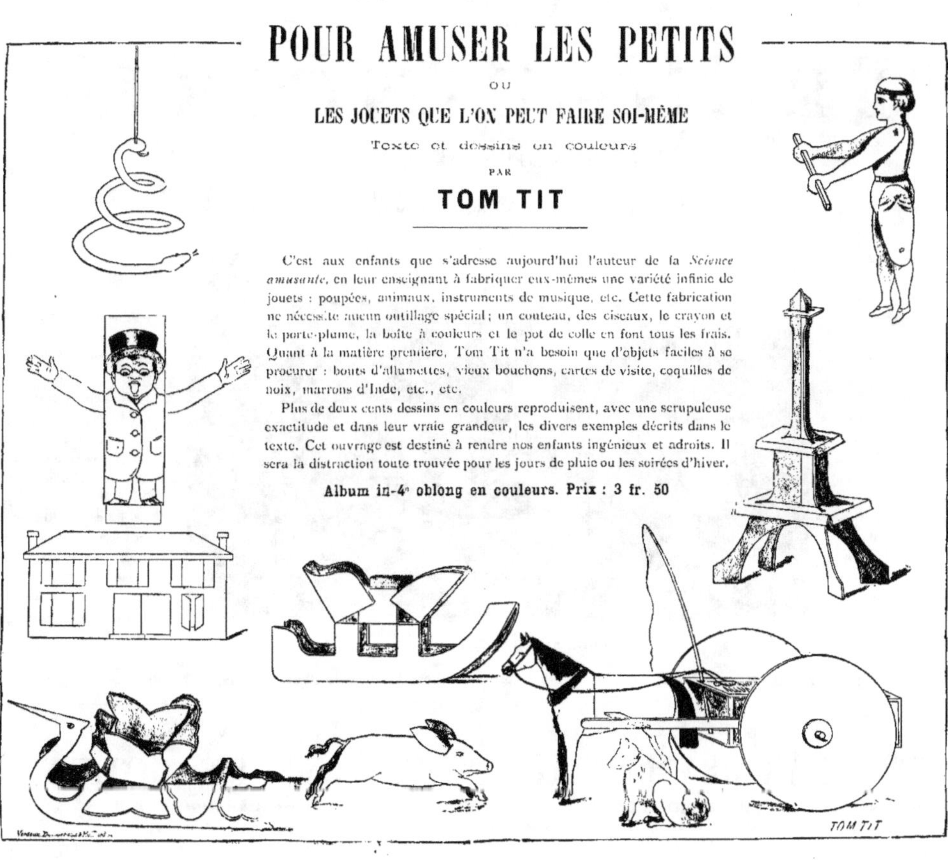

POUR AMUSER LES PETITS

OU

LES JOUETS QUE L'ON PEUT FAIRE SOI-MÊME

Texte et dessins en couleurs

PAR

TOM TIT

C'est aux enfants que s'adresse aujourd'hui l'auteur de la *Science amusante*, en leur enseignant à fabriquer eux-mêmes une variété infinie de jouets : poupées, animaux, instruments de musique, etc. Cette fabrication ne nécessite aucun outillage spécial ; un couteau, des ciseaux, le crayon et le porte-plume, la boîte à couleurs et le pot de colle en font tous les frais. Quant à la matière première, Tom Tit n'a besoin que d'objets faciles à se procurer : bouts d'allumettes, vieux bouchons, cartes de visite, coquilles de noix, marrons d'Inde, etc., etc.

Plus de deux cents dessins en couleurs reproduisent, avec une scrupuleuse exactitude et dans leur vraie grandeur, les divers exemples décrits dans le texte. Cet ouvrage est destiné à rendre nos enfants ingénieux et adroits. Il sera la distraction toute trouvée pour les jours de pluie ou les soirées d'hiver.

Album in-4° oblong en couleurs. Prix : 3 fr. 50

TOM TIT

LE PRINCE KOZAKOKOFF

UN ALBUM IN-8° OBLONG. PRIX . . . . . . **3 fr. 50**

PARIS, TYP. DE E. PLON, NOURRIT ET CIE, RUE GARANCIÈRE, 8.